Hans Manz

Ein kleines o steht vor dem Zoo

N&K

Hans Manz

Ein kleines o steht vor dem Zoo

Geschichten
für Buchstaben-Narren

Illustrationen von
Verena Ballhaus

Nagel & Kimche

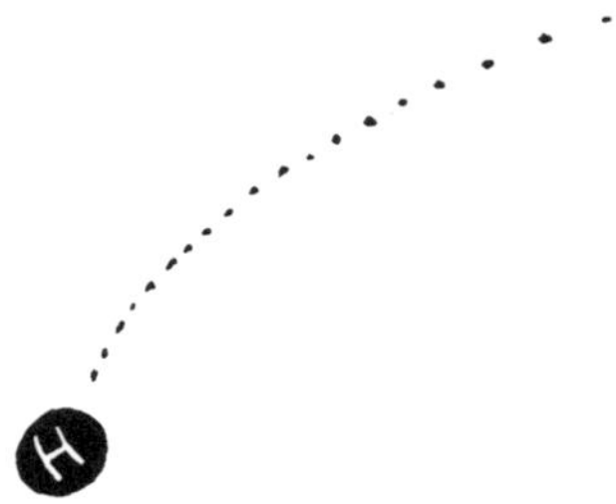

Die Schreibweise in diesem Buch entspricht
den Regeln der neuen Rechtschreibung.

Einband: Hauptmann und Kampa, CH-Zug,
unter Verwendung einer Illustration von Verena Ballhaus
Satz und Lithos: zirkumflex, Horitschon
Druck und Bindung: Friedrich Pustet, Regensburg
Printed in Germany
ISBN 3-312-00894-8

Hans hat eine schwere Hand.

Das heißt:
Seine Hand wirft Bälle
mit Leichtigkeit aufs Hausdach.
Oder sie streichelt die Katze
sanft und liebevoll.

Aber beim Schreiben
wird die Hand schwer.

Hans übt daheim,
läuft hin und wieder zur Mutter
und fragt:
„Wie sehen meine  aus?"

Die Mutter sagt:
„Wie Kartoffeln,
aber die schmecken uns ja."

„Und meine  ?",
fragt Hans weiter.

„Nun, sie erinnern mich an Gräser,
durch die ein übermütiger Wind
lustig von allen Seiten bläst."

„Und meine BBB?“

„Ach, die haben
prächtig volle Bäuche.
Die sind bestimmt zufrieden.“

Hans schreibt weiter.
Dann überlegt er und sagt:
„Buchstaben sind
etwas Wunderbares!"

„So?", wundert sich die Mutter.
„Wie meinst du denn das?"

„Auch wenn sie missraten,
kann man sie immer noch lesen.
Schau, was ich geschrieben habe!"

Ich bin glücklich.

Hans hat sich viel vorgenommen.
Besiegen will er die Buchstaben.
Nicht nur mit der Hand.
Und alle müssen ihm helfen dabei.
Auch wenn er sie nervt.

Hans schreibt wieder
und zischelt vor sich hin:
„**Sch sch sch** …“
Nach drei Zeilen schüttelt er
die Hand aus.

„Gut so“, sagt die Mutter.

Die Buchstaben
zischeln von selbst weiter,
an allen Ecken und Enden:
„**Schschsch** … he, meine Freunde,
wo steckt ihr?“

„Also ich stecke
in einem **Sch**rank."

„Und ich gehöre
zu einem **Sch**lüssel."

„Und ich zu einer **Sch**achtel.
Ist noch jemand da?"

„Ja, wir! Wir wohnen zu zweit
in Fla**sch**en**sch**erben."

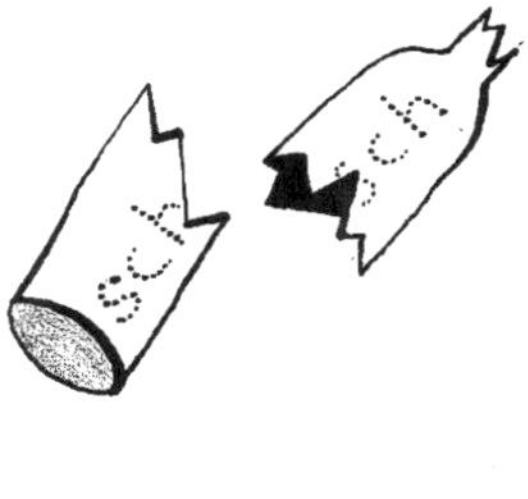

„Ehrlich gesagt",
wispert das **Sch** im **Sch**rank,
„ich möchte viel lieber
in einem **Sch**iff wohnen,
das über alle Meere fährt."

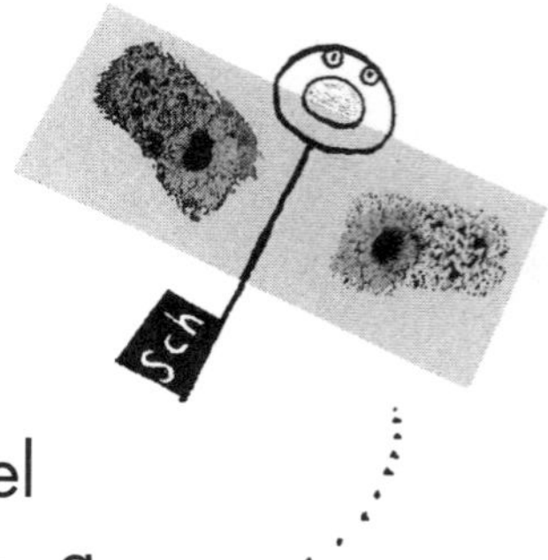

„Und ich wünsche mir,
dass sich mein **Sch**lüssel
in einen **Sch** mett e rlin g
verwandelt,
der gaukelt und schaukelt."

„Aber ich wäre am liebsten
statt in einer **Sch**achtel
in einer **Sch**aufel."

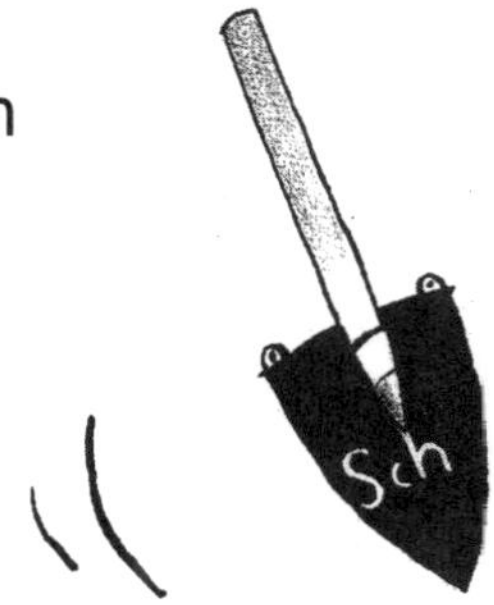

Hans sagt:
„Wie kann es nur!
Da müsste es hart arbeiten
und würde dazu noch schmutzig!"

„Das würde
sich vielleicht lohnen",
meint die Mutter.
„Denn die **Sch**aufel könnte ja
einen **Sch**atz ausgraben
mit tausend Goldstücken darin."

„Wie schlau du doch bist!“,
sagt Hans.
„Aber was ist mit
den zwei Kleinen
in den Fla**sch**en**sch**erben?“

„Horch! Sie rufen:
‚Für uns ist alles ganz einfach.
Wir sehnen uns
nach einem Fi**schsch**wanz.‘“

„Nun ja, nicht schlecht.
Aber warum eigentlich?"

„Weil sie dann auch noch
beisammen wären,
sogar näher als vorher."

Hans schreibt eine weitere Zeile,
dann sagt er:
„Weißt du,
manchmal beim Lesen
habe ich das Gefühl,
dass mich die Buchstaben
anstarren.

Sie beobachten,
wie meine Augen
von links nach rechts wandern."

„Gewiss“, sagt die Mutter,
„das tun sie nicht nur bei dir.
Sie starren immer.

Sie sehen, wie sich die Augen
beim einen Leser
erstaunt aufreißen.

Bei einem anderen
füllen sie sich
mit Furcht und Schrecken.

Beim dritten und vierten
sind sie voll Mitleid
oder Schadenfreude.

Und wenn zehn Menschen
die gleiche Geschichte lesen,
ist das zehn Mal anders.

Es kommt sogar vor,
dass jemand lacht,
wo ein anderer weint.

Das ist spannend für sie.

Aber am liebsten sind ihnen
Kinder wie du.
Die fahren nämlich alle
mit dem Finger
die Zeilen entlang.
Ach, wie das kitzelt!"

Hans lacht und
räumt seine Sachen vom Tisch.

Der Vater hat unterdessen
eine Suppe gekocht.
Er stellt sie auf den Tisch
und sagt:
„Das müsste ja eigentlich
deine Lieblingssuppe sein.
Es ist eine Buchstabensuppe.
Die erzählt sogar deinem Bauch
die schönsten Geschichten."

Die Suppe ist heiß.
Der Vater fischt mit dem Löffel
nach Buchstaben und
schiebt sie auf den Tellerrand:
ein **H**, ein **A**, ein **U** und ein **S**.

Der Vater schaut,
ob Hans guckt.
Der guckt, sagt aber nichts.

Der Vater stupst das **H**
in den Suppenteich zurück,
ersetzt es durch ein **L**.
Hans schüttelt sich.

Der Vater vertauscht das **L**
mit einem **M**.
Hans sagt:
„Du verdirbst mir noch
den Appetit."

Er schiebt
mit seinem eigenen Löffel
das **S** weg,
legt dafür ein **L** hin und sagt:
„Das will jetzt essen."
Er löffelt die Suppe aus.

Schlafenszeit.
Hans liegt unter der Decke
und wartet.

Der Vater kommt bald,
zeigt ein neues Buch und sagt:
*„Geschichten
für Buchstaben-Narren*
steht hier."

„Du lügst", sagt Hans.

„Ich lüge nicht,
ich necke dich nur!"

„Lies jetzt lieber!"

„Ein kleines **o** steht vor dem Z**oo**
und sagt:
‚Ich habe einen Eintritt frei
oder auch zwei.
Ohne mich
könnt ihr es ja nicht machen.
Dann wäre der Z**oo** nur ein Z
und wer wollte den sehen!'

Da müssen alle lachen
und lassen es gehen,
wohin es will.

Es fragt ein Tier mit Hörnern:
,Du, hallo, du,
wie ist dein Name?
Kennen wir uns?'

,Ich glaube nicht,
denn ich bin ein Gnu.'

‚Ja, da ist wirklich
nichts von mir drin!
Wäre Gn**o** nicht schöner?',
fragt das **o**.

‚Das mag schon sein,
doch ich bin, wie ich bin.'

Nicht weit entfernt
krächzt ein Vogel:
‚Wie hübsch du bist,
so rund und so klein!'

‚Vielen Dank fürs Kompliment!
Endlich jemand, der mich kennt!'

‚Ach nein, ach nein,
ich sehe dich auch
zum ersten Mal.'

‚Macht nichts, aber höre:
Ich bin ein **o**.'

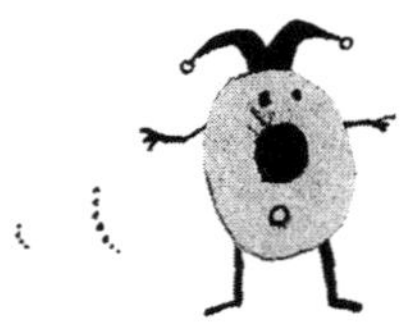

‚Ach so, ja so?
Kokodo
Kakodo
Kakado
Kakadu!
So heiße ich richtig
und jetzt lass mich in Ruh.‘

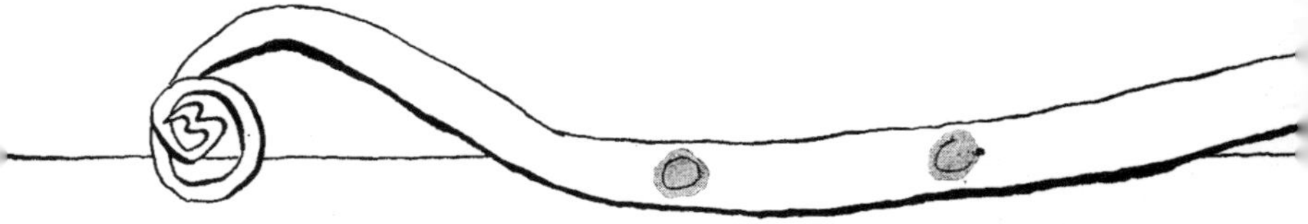

Dafür lobt nebenan
eine lange,
meterlange dicke Schlange:
‚Dank dir, kleines **o**,
heiß ich nicht Ba.

Ba Ba Ba –
hörst du, wie grässlich?
Ba Ba Ba – viel zu kurz
und zu hässlich!

Hingegen B**o**a, B**oo**a, B**ooo**a –
wie das singt!
Wie das klingt!'

Oh, wie das **o** den Z**oo** genießt!
Und wer da alles freundlich grüßt:
ein W**o**lf, ein Nash**o**rn,
sogar ein K**o**j**o**te,
Kr**o**k**o**dile, Le**o**parden,
Bis**o**ns, Ozel**o**te.

Am Himmel leuchtet
das Abendrot.
Der Wärter Ottokar kommt
und droht:
‚Was machst du noch hier?
Ich sperre dich ein,
als wärst du ein Tier.
Es sei denn,
du kannst meine Rätsel lösen.
Du steckst in jedem,
es sind aber vier!

1.
Sie haben zwei Beine.
Man zieht sie an,
man zieht sie aus.'

,Oh, schon erraten,
das sind ja wohl H**o**sen.'

2.
,Blumen mit Dornen
blühen im Garten
oder auch in der Vase im Haus.'

,Leichter geht's nimmer,
das sind doch R**o**sen!'

3.
‚Es ist lang, aus Eisen
und innen hohl.‘

‚Aber klar doch,
das ist ein R**o**hr!‘

4.
‚Noch etwas aus Eisen,
und das muss ich schließen.‘

‚Schließ nur zu
und ich schlüpfe durchs T**o**r.‘“

Die Mutter hat das Ende
der Geschichte
auch mitbekommen.
Sie sagt:
„Sogar wir könnten
einen Buchstaben laufen lassen."

„Ein **W**", schlägt Hans vor.

„Also gut", sagt die Mutter.

„Ein **W** spaziert durchs Haus und
begegnet einer Katze.
Die Katze fragt:
‚Wer bist du?'

‚Ich bin ein **W**', sagt das **W**.

‚Ich verstehe dich nicht',
sagt die Katze, ‚komm näher!'

Das **W** stellt sich
unter die feuchte Katzennase
und wiederholt aus Leibeskräften:
‚Ich bin ein **W**!'

Die Nase kräuselt sich.
Die Katze niest."

Der Vater mischt sich ein:
„Aber da ist das **W** bereits
auf den Tisch geklettert.
Darauf liegt ein Federchen
vom Kanarienvogel.

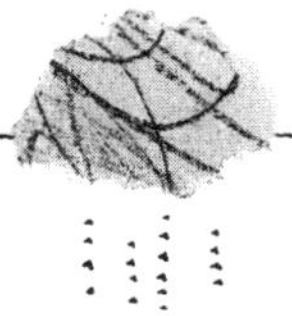

Die Feder fragt:
‚Wer bist du?'

Das **W** tritt dicht zur Feder heran
und sagt:

‚Ich bin ein **W**!'

Die Feder weicht zurück
und das **W** wiederholt:
‚Ich bin ein **W**,
bin ein **W**, bin ein **W**!',
bis die Feder zu Boden wirbelt."

Abends kommt der Vater
ans Bett und
liest aus dem Narrenbuch vor:

„Ein **u** will nicht sein,
was es ist,
und greift zu einer kleinen List:
Es macht sich zum **Eu**
und klingt nun ganz anders,
ganz neu.

„Und dann“, sagt Hans.
„Und dann geht das **W**
auf die Kerze zu,
die auf dem Tisch steht
und das Zimmer erhellt.
Sie ist schon ganz kurz.

Die Kerze fragt:
‚Wer bist du?‘

Das **W** hüpft
auf den Rand des Kerzenständers
und sagt:
‚Ich bin ein **W**!‘

Und gleich wird es dunkel.“

„So, wie nun gleich auch
hier drin!“,
sagt der Vater
und tastet nach dem Schalter.

„Puh“, ruft Hans hinterher.
„Witzig, sehr witzig!“

Die Freundin von Hans heißt Anna.

Sie hat einen roten Kopf.
Hans auch.
Sie haben sich
ums Haus herum gejagt.
Jetzt verschnaufen sie
im Zimmer von Hans.

An der Wand hängt
eine Magnettafel
mit dem ganzen **ABC**.

Anna nimmt das **Z** ab und sagt:
„Das arme **Z**!
Es muss immer
am Schluss stehen!"
Sie setzt es an den Anfang.

Anna nimmt das **Y** und sagt:
„Das arme **Y**
wird fast nie gebraucht.
Es hat Angst,
man könnte es noch ganz
vergessen."

„Da kann man nichts machen“,
sagt Hans.

„Nichts machen, nichts machen!
Man kann immer etwas machen.

Das **Y** erfindet mit Trari und Trara
einen Wettbewerb:
Wer am längsten
den Kopfstand machen kann,
gewinnt.
Und schlau, wie es nun mal ist,
lädt es das A zum Mitmachen ein
und das P und das L.“

Anna dreht die Buchstaben um
und sagt:
„Das ⅂ zieht es bald nach links,
es fällt um.

Das ∀ steht nur auf einer
winzigen Spitze.
Das ist eine große Kunst,
aber ermüdend.
Es kippt.

Das d hält sich tapfer und lange,
bekommt aber Kopfweh
und gibt auf.

Somit bleibt allein das ⅄ übrig.
Kopfunter hat es zwei Beine,
auf denen es sicher steht.
Es gewinnt
und ist sehr, sehr froh darüber.
Es hätte ohnehin
keinen ersten Preis
für den Gewinner gehabt."

Hans könnte Anna stundenlang
zuhören.
Er bittet: „Mach weiter!“

„Aber doch nicht immer nur
mit Buchstaben!“
Soll ich von einer Katze erzählen
oder von einer Hexe
oder von einem Raumschiff?“

„Wunderbar!“, sagt Hans,
„erzähl von einem **Q**,
das mit einem Raumschiff
fliegen will!“

Anna verdreht die Augen
und stöhnt:
„Du bist unmöglich, Hans!
Und warum ausgerechnet ein **Q**,
das ist ja
der dickste aller Buchstaben.
Und in einem Raumschiff hat nur
das Allernötigste Platz."

„Dann nimm halt ein **I**.
Das ist so dünn,
dass man es überall
verstauen kann."

„Zum Allernötigsten
gehört aber auch ein **I** nicht.
Wozu könnte man es schon
brauchen?"

„Kein Problem", sagt Hans.
„Stell dir einen Astronauten vor:
Er isst ein Würstchen mit Senf.

Das glitscht ihm weg.
In den Raumschiffen schwebt ja
alles einfach so herum.
Der Senf
verkleckert und verschmiert
die ganze Kapsel.

Also schreit das **I**:
‚Nimm mich!
Spieß das Würstchen auf!'

Er tut's und schiebt's in den Mund."

Anna spottet:
„Und nachher benutzt er das **I**
als Zahnstocher,
bohrt hinterher womöglich
das Schmalz aus den Ohren
und wirft es weg."

Hans gibt sich
noch nicht geschlagen.
Er sagt:
„Das **I** will ja gar nicht
mit Astronauten reisen."

„Sondern?", fragt Anna.

„Sag ich dir gleich.
Also, auf dem Mars
rumpelt
doch so etwas
wie ein Traktor herum.

Der untersucht alles
und schickt Bilder zur Erde.

Und wo mal ein Traktor ist,
kommen früher oder später
auch Menschen hin,
zuerst zwei oder drei.

Und jetzt denk einmal daran,
wie das ist,
wenn sie landen:
Da ist kein Haus,
kein Baum,
keine Blume –
nur Felsen und Steine.

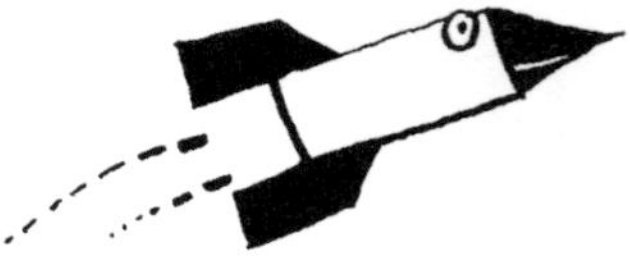

Aber man könnte die Astronauten aufmuntern."

„Wer?", fragt Anna.
„Womöglich wieder einmal Buchstaben?"

„Genau!“, sagt Hans.

„Und welche,
wenn man fragen darf?“,
sagt Anna ungeduldig.

„Ganz einfach:
Ein **W**, das **I**, zwei **L**, ein **K**, ein **O**,
zwei **M**, ein **E** und ein **N**.
Sie fliegen voraus und
empfangen die Astronauten.“

Anna geht heim.
Später sieht Hans,
dass sie ihm auf einem Zettel
auch einen Buchstaben
zurückgelassen hat: 

Ein **N** legt sich quer
und sagt:
‚Schaut her!
Auch jetzt bin ich wer.‘

‚Oh, wie wir die Berge lieben,
wie sie uns entzücken!‘,
rufen sieben große **W**.
‚Kommt, lasst uns
zusammenrücken!‘“

Hans ist in der Schule.

Die Lehrerin
stellt Buchstaben vor,
die man überall sieht.
Und jeder weiß,
was sie bedeuten:

„Das P heißt **P**arkplatz.
Das S heißt **S**chnellbahn.
Ein rotes F heißt **F**euerlöscher.

Aber aufgepasst:
Ich denke an eine Frau,
die viel reist.
Sie kennt alle großen Städte
des Landes.
Wenn sie in einer ankommt,
schaut sie sich immer
nach einem **U** um.
Dort geht sie die Treppe hinunter
zur **U**ntergrundbahn.

Einmal aber reist die Frau
nach Paris.
Sie guckt nach links,
sie guckt nach rechts –
da ist nirgends ein **U**.
Dafür sieht sie rechts,
sieht sie links ein **M**.

‚Natürlich!', erinnert sich die Frau
plötzlich.
‚In Paris nennt man die
Untergrundbahn **M**etro.'"

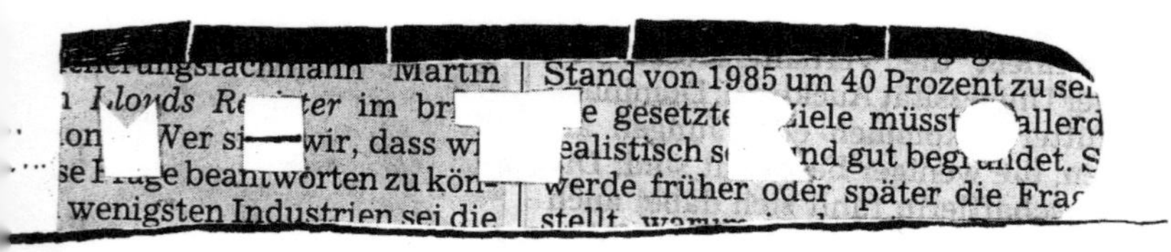

Die Kinder sitzen jetzt
auf ihren Plätzen.

Hans kaut am Bleistift und denkt:
Eine schwierige Aufgabe,
die uns die Lehrerin da
eingebrockt hat!
Sieben Wörter mit einem **A** am
Anfang und einem **a** am Ende.

Und dann müssen wir sie
auch noch vorlesen.
Lästig!

Klar, dass mir zuerst
die **A**nn**a** in den Sinn kommt.

Wenn ich sie aber aufschreibe,
heißt es gleich,
dass ich sie liebe.
Was ja auch stimmt,
nur will ich nicht
gehänselt werden deswegen.

Schreibe ich sie aber nicht auf,
denkt sie,
dass ich sie nicht genug liebe.

Also: Anna und gleich zuoberst,
grad zum Trotz.

Weiter im Text:

Vorne ein **A** und hinten ein **a** …
vorne ein **A** …

Ja, da ist doch noch der **A**r**a**,
der dort auf dem Tierkalender
abgebildet ist.
An den denken natürlich alle.
Soll ich aber aufschreiben,
was alle anderen auch schon
auf dem Blatt haben?

Nun, wer weiß,
ob ich überhaupt noch
weitere Wörter finde.
Besser, ich nehme den Ara.

Und gibt es da nicht ein Tier
mit dem Namen **A**lpak**a**?
Das kennt sonst
bestimmt niemand.

Alpaka .

Nur: Wenn ich gefragt werde,
wie es aussieht?
Ich kann mich nicht erinnern.
Ich glaube, es wohnt in Amerika …
Was sage ich da?

Amerika !

Vorne ein **A** und hinten ein **a**!
Und dazu gehört gleich **A**frik**a**.
Afrika ,
hinten ein **a** und vorne ein **A**.

Schon fünf Wörter!
Schon?
Woher nehme ich die zwei,
die noch fehlen?

Und warum muss mir jetzt
ausgerechnet die **A**ngelik**a**
einfallen?
Die ist zwar auch
in unserer Klasse.
Aber was denkt **A**nn**a**,
wenn die **A**ngelik**a**
auf dem gleichen Blatt steht
wie sie?

Allerdings weit unten,
beinahe zuunterst:
Angelika .

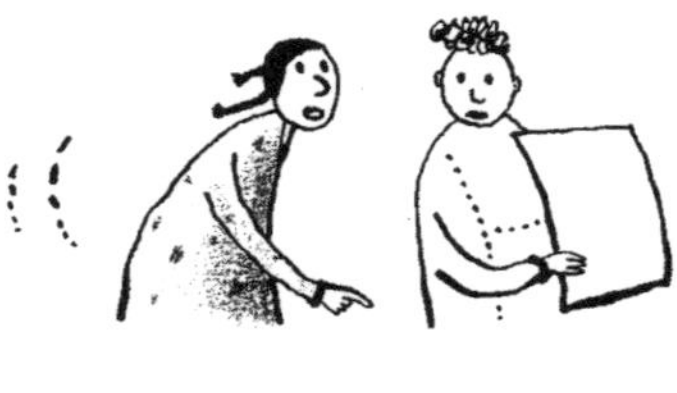

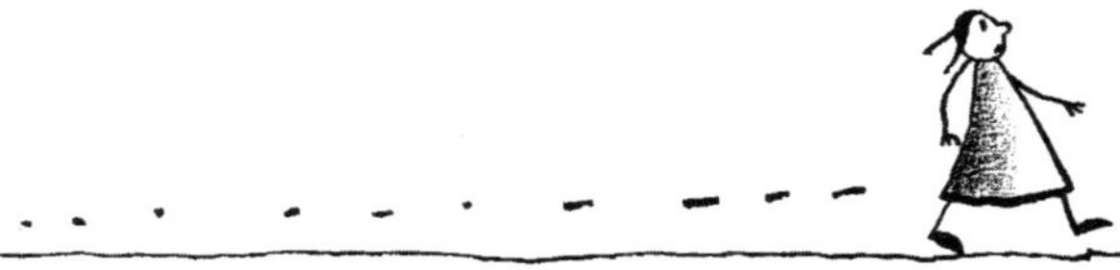

Nun fehlt nur noch
ein einziges Wort.
Das muss jetzt aber wirklich
ein besonderes, seltenes, interessantes
sein … nun …

Vorne ein **A**, haha,
hinten ein **a**, blabla.
Nichts als Allotria geht mir
durch den Kopf.
Allotria? **A**llotri**a**?
Ja! Ja!
Das siebente und letzte Wort!
Allotria .
Alle werden lachen …
Auch Anna?

Anna und Hans
sind auf dem Heimweg.

Heinrich hängt sich an.
Er geht in die dritte Klasse.
Und er quatscht immer so viel!

Heinrich schimpft:
„Immer diese Punkte!
Diese kleinen Punkte,
kleiner als klein.
Und vergisst man sie,
gibt's ein Geschrei,
größer als groß:

‚Schluderarbeit!
Du bist flüchtig, du bist faul!',
heißt es gleich.
Dabei regt sich
meine Lehrerin auf.
Und ich rege mich auf,
weil sie sich aufregt.
Darum habe ich heute
etwas Besonderes gemacht.

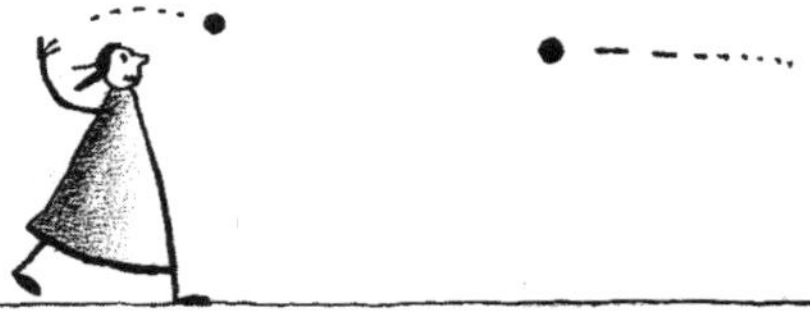

Wir haben eine kleine Geschichte
geschrieben.
Dabei habe ich alle Punkte
doppelt gesetzt.

So: äu»,
Heinrich schreibt in die Luft,
«und so: ä
und so: ö
und so: ü
und so: i
und so: ei.

Als ich das Blatt abgegeben habe,
hat die Lehrerin gestutzt.
Ich habe genau gesehen,
wie sie sich das Lachen verbissen hat.
Aber sie hat so getan,
als sei nichts.

Jetzt habe ich
einen Brief geschrieben.
Den lege ich ihr morgen
aufs Pult."

Er holt ihn aus der Schultasche
und entfaltet das Blatt:

Liebe Frau Lehrerin,

so viel Mühe
habe ich mir gegeben.
Ich habe Ihnen zeigen wollen,
dass ich nicht schludrig
und flüchtig und faul bin.
Und Sie haben mich
nicht einmal gelobt!
Das argert mich machtig.

Herzliche Gruße
Heinrich.

Er zwinkert und
schwenkt ab zu seinem Haus.

Hans bleibt bei Anna.
Sie tummeln sich draußen,
bis sie wieder rote Köpfe haben.

Die Mutter hat Hans gebeten,
auf dem Heimweg
beim Bäcker um die Ecke
ein Brot zu holen.
Als er dort ankommt,
ist der Laden bereits
geschlossen.

Wieso das?,
wundert sich Hans.
Ich habe doch
nur
einen
kleinen Umweg gemacht.

Hans steigt daheim
langsam die Treppe hoch.
Und wieder einmal hört er
diese seltsamen Töne
von Herrn Lutz nebenan.
Manchmal klingen sie
wie Nadelstiche,
manchmal wie Gestreichel.

Hans läutet, Herr Lutz öffnet.
In der Hand hält er
eine lange Röhre,
schwarz mit silbernen Knöpfen
oder Klappen.

„Was ist das?“, fragt Hans.

„Das ist eine Klarinette.

Komm, ich zeige dir,
wie man darauf spielt.“

Er hockt sich auf einen Stuhl
und fragt:
„Du heißt doch Hans, nicht?
Also, ich spiele jetzt ein H.
So. Und das ist ein C
und das ist ein G.“

„Ich höre nur Töne.
Sie aber reden dauernd
von Buchstaben", sagt Hans.
„Brauchen manche Menschen
Buchstaben zum Lesen
und andere zum Musik machen?"

„Es ist beinahe so,
aber nicht ganz.
Eigentlich spiele ich nach Noten.
Hier ist ein Notenblatt."

„Das sind ja lauter Kugeln
mit Stielen oder Fähnchen.
Buchstaben sehe ich keine."

Herr Lutz räuspert sich
und sagt:
„Du bist ein Mensch,
ich bin ein Mensch.
Wir beide haben einen Namen.
Und Noten sind Noten,
brauchen aber auch einen Namen,
damit man weiß,
von welcher man spricht.

Hör zu:
nochmals das H.
Und noch eines."
Herr Lutz spielt einen tiefen
und einen hohen Ton.

„Und ich", sagt Hans,
„habe immer geglaubt,
dass es nur große und kleine H
gibt!

„Aber wenn es sogar
hohe und tiefe gibt,
gibt's dann auch
kurze und lange?",
forscht Hans weiter.

„Natürlich!"
Herr Lutz bläst so ins Mundstück,
wie man ein Stäubchen
vom Tisch pustet.
Dann holt er tief Atem
und zieht den Ton
lang und länger.

„Und harte und weiche?",
bohrt Hans weiter.

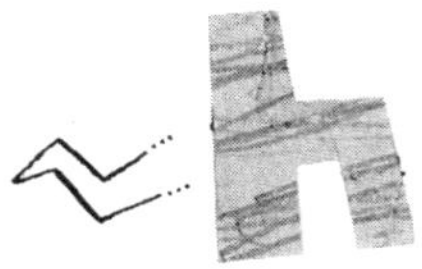

Herr Lutz nickt
und stößt seinen Atem
heftig in die Klarinette.
Später lässt er den Ton
sanft fließen.

„Und jetzt bitte
ein süßes und ein saures H."

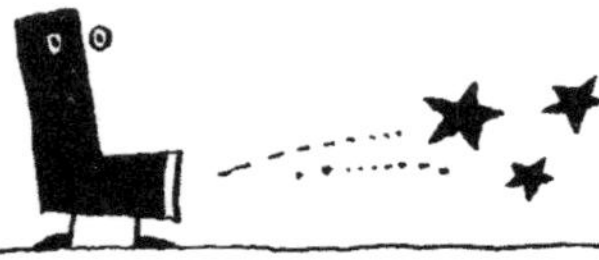

Herr Lutz blickt Hans an.
Er hat plötzlich den Verdacht,
er werde zum Narren gehalten.
Aber er spielt dennoch
eine kleine, hübsche Melodie.
Dann sagt er:
„So süß singen Nachtigallen.
Aber etwas Saures mag ich nun
nicht mehr spielen."

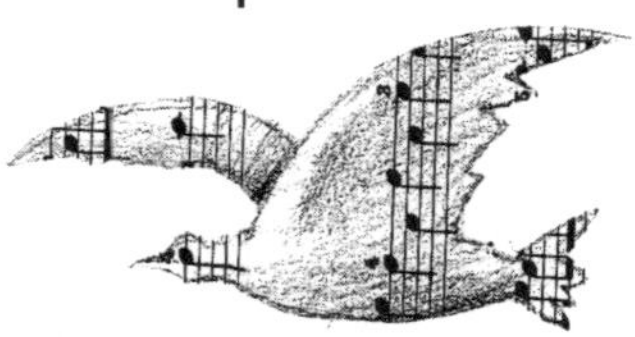

„Ist mir auch recht", sagt Hans.
„Wenn ich gleich ohne Brot
nach Hause komme,
wird es genug saure Gesichter
geben."

Die Mutter ärgert sich
tatsächlich.
Sie sagt:
„Für heute reicht's noch,
aber morgen hast du
kein Pausenbrot."

Und der Vater sagt:
„Gäbe es Buchstabenbrote,
wär das nicht passiert!"

Hans schießt einen wilden Blick
auf ihn ab.

Als der Vater abends
ans Bett kommt,
deckt er Hans fürsorglich zu,
streicht die Decke glatt
und liest aus dem Buch vor:

„Alles beginnt mit einem **E**.
E wie **E**sel, **E** wie **E**lch,
E wie **E**lefant.

Es steht neugierig da
und ist gespannt
auf das, was kommen wird.

‚Gib nur Acht!', ruft ein **I**,
‚und schau, was ich kann.
Ich stelle mich hinten an:
EI.'

‚Ist es ein kleines?',
fragt ein Spatz.
‚Dann ist es meines.'

,Ist es groß und schwer?',
fragt ein Strauß.
,Dann gebt's sofort her!'

,Es gehört mir!',
ruft ein Huhn.

,Nein, mir', sagt ein Kind.
,Es ist nämlich aus Zucker,
drum ess ich es nun.'

‚Bitte nicht, lass mich frei!‘,
bettelt das **EI**.
‚Ich möchte noch viel erleben.‘

Zufällig kommt ein **S** vorbei,
bleibt stehen,
guckt und denkt:
Warum soll ich weitergehen?
Ich schmiege mich lieber ans **I**
und dann wird man sehen:
EIS.

Das Kind leckt an ihm,
ist aber enttäuscht.
Das **Eis** schmeckt fade.
Schade!

Es ist halt gewöhnliches **Eis**,
wie es der Königspinguin liebt
oder der **Eis**bär.

Schon trabt einer daher,
kommt mit zwei Jungen.
Die wollen dem **Eis**
mit gierigen Zungen
den Garaus machen.

Zum Glück erscheint ein **R**
und schreit:
‚Weg, weg mit euch!',
und setzt sich gleich
ganz vorn vor das **E**:
REIS.

Das Kind sagt erfreut:
‚Ich ess ihn als Milch**reis**,
über den man Zucker streut.'

Doch schon naht ein zweites **E**
und ruft dem Kind zu:
‚Warte erst ab,
was nun geschieht!'

Und das Kind sieht,
wie sich das **E**
ganz hinten anstellt:
REISE.

‚Tschüss, auf Wiedersehen‘,
sagt das Kind.
‚Ich haue ab
und fahre um die ganze Welt.‘

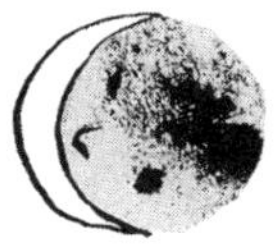

Aber leider, leider
kommt es nicht weit,
weil in der Zwischenzeit
das erste **E** und das **I**
listig wie Raben
still und heimlich
den Platz getauscht haben:

RIESE

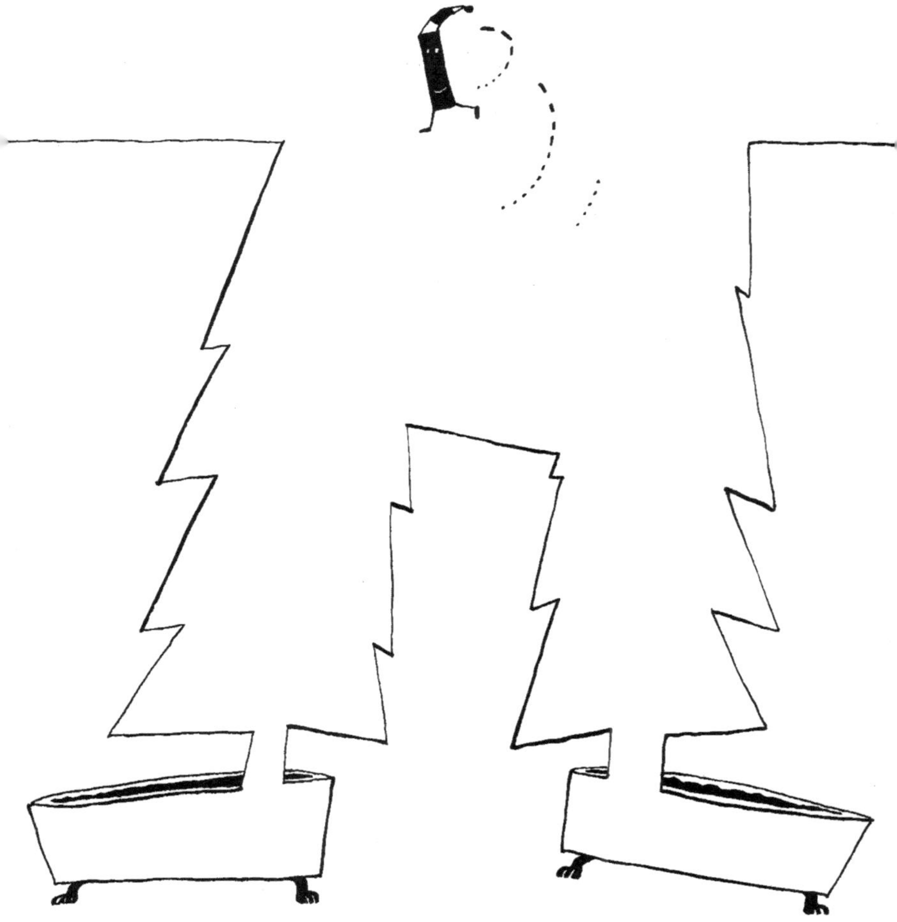

Die Schuhe:
groß wie Badewannen.
Die Beine:
höher als die höchsten Tannen!

Das Kind flüchtet entsetzt
und fürchtet sich sehr.

Und auch das **R**, das zweite **E**,
das **S** und das **I**
traben hinter ihm her.

Das ist in dieser Geschichte
die letzte Wende.
Zurück bleibt ja nur
ein einsames **E**.
E wie **E**va, **E** wie **E**rde,
E wie **E**ND**E**.“

Hans denkt:
Jetzt wird der Vater gleich
sagen:
Auch der Tag ist nun zu Ende,
lösch das Licht.

Er sagt's aber nicht.
Auch Väter lernen.

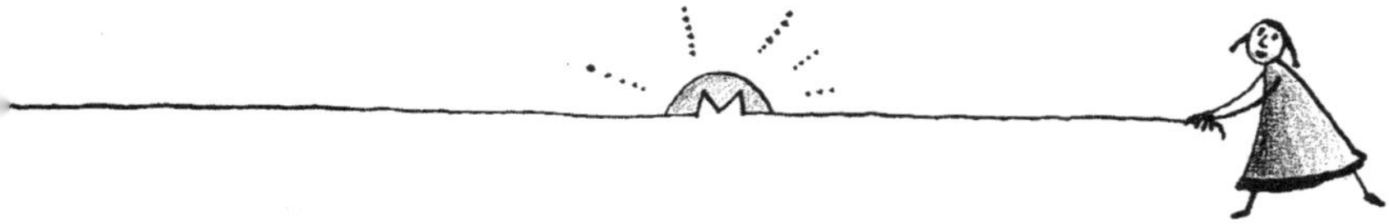

Hans Manz wurde 1931 in Wila in der Schweiz geboren. Er unterrichtete lange in Zürich; 1968 begann er zu schreiben. Er übersetzte Texte von Sendak, Ungerer und Gorey und arbeitete fürs Fernsehen und für den Rundfunk. Hans Manz hat Sprachspielbücher, Erzählungen, Romane für Kinder und für Erwachsene geschrieben. Für sein Gesamtwerk erhielt er den Schweizer Jugendbuchpreis und den Österreichischen Kinderlyrik-Staatspreis. Bei Nagel & Kimche sind zuletzt u. a. erschienen: „Pantoffeln für den Esel" (1996) und „Da kichert der Elefant" (1998). Hans Manz lebt in Zürich und in der Toskana.

Verena Ballhaus wurde 1951 in Unterfranken geboren. Sie wuchs in München auf und studierte dort an der Kunstakademie Malerei, Grafik und Kunsterziehung. Zunächst arbeitete sie als Bühnenbildnerin und gestaltete Kindertheater-Plakate. Seit Mitte der 80-er Jahre illustriert sie erfolgreich Kinderbücher und wurde für ihre Arbeiten mit vielen Preisen ausgezeichnet. Verena Ballhaus hat vier Kinder und lebt mit ihrer Familie in München. Von Hans Manz hat sie bei Nagel & Kimche bereits den Band „Da kichert der Elefant" (1998) illustriert.